TRABALENGUAS

RECOPILADAS POR:
MIGUEL TIRADO ZARCO

© PEREA EDICIONES, C/ Ruiz de Alda, 45
Pedro Muñoz - Ciudad Real (926) 58 63 86

D.L.: CR-718-1988
I.S.B.N.: 84-7729-028-8

Printed in Spain - Impreso en España
por: COFAS, S. A.
Polígono Callfersa, nave 8
FUENLABRADA (Madrid)

DEDICATORIA

A mis queridas hijas Cristina, Marta y Beatriz

Miguel Tirado Zarzo

PROLOGO

Este librito «Trabalenguas» que ahora sacamos a la luz, viene como resultado de una Recopilación que he llevado a cabo con la ayuda de muchos compañeros y alumnos de sus clases, los cuales han rebuscado en una gran diversidad de textos disponibles en las aulas o bibliotecas de sus colegios. Algunos de ellos figuran en «El libro del Folklore Infantil» de Carmen Bravo-Villasante y otros de la misma autora, que son virguerías gramaticales, además de otros cuyos autores lamento desconocer. Junto a ellos aparecen más de doscientos de mi colección particular y que a lo largo de mi ya dilatada vida de Educador he ido preparando para mis alumnos, de las que me considero su autor.

Nuestros diccionarios dicen que TRABALENGUAS es «Palabra o locución infantil de pronunciar, en especial cuando sirve de juego para hacer a uno equivocarse». «Pasatiempo que consiste en repetir palabras cuyas similitudes fonéticas se prestan, por su dificultad de pronunciación, a confusiones o corrupciones». Por esos motivos son de gran utilidad por la agilidad mental que crea en los alumnos y el dominio del lenguaje que proporciona a los mismos.

Los que nos movemos en el mundo de la enseñanza sabemos lo importante que es el estudio del lenguaje; toda persona debe estar habituada a hablar con corrección, a entender cualquier tipo de mensaje que se le envíe, a saber escuchar y a expresar claramente lo que piensa o siente. Con estos Trabalenguas pretendo que se ejercite una de las situaciones motivadoras de la comunicación oral en uno de sus múltiples apartados: la fluencia verbal. Y esto, no cabe duda, hará enriquecer la capacidad de expresión y fomentará la creatividad de quien los practique.

Miguel Tirado Zarco

Trabalenguas

Abad y abadesa no son abaditas,
sino abadiatos de una abadía;
pues abad de abadía sería abadita
si fuese de musulmana dinastía,
como la abadesa de una abadía
sería abadiato de la misma abadía.

Animales hay encalibrados
¿Quién los desencalibrinará?
El desencalibrinador
que los desencalabrinare
buen desencalibrinador será.

A Cuesta le cuesta
subir la cuesta;
y en medio de la cuesta,
va y se acuesta.

Aquella carretera está kilometricada.
¿Quién la deskilometricará?
El deskilometricador
que la deskilometricare
buen deskilometricador será.

Amo y ama se aman,
el ama ama a su amo,
el amo ama a su ama;
si el amo ama
y el ama ama,
aman y aman el amo y el ama.

Amigo mío, compra buena capa parda,
que el que buena capa parda compra,
buena capa parda paga;
que esté bien hilada,
bien bordada y bien acortapizada;
y si no está bien hilada,
bien bordada y bien acortapizada,
se llama al hilador
al bordador y al acortapizador,
para que la hile, la borde y la acortapice mejor.

Anita la Choricera come muchos chorizos.
¿Quién la desenchorizará?
El desenchorizador
que la desenchorice
buen desenchorizador será.

Acodar y acodalar es una acodadura,
acodo, acodadura y acoderar, es acodillar;
luego acoderar es acodar y acodalar,
como acodillar y acodalar es acodar.
Unos acodalan y acodan por acodillar,
mientras otros acoderan y acodan por acodalar.

Astado es el animal de astas hasta que muera con
astas,
y hasta que las astas de un astado no son astas de
éste
es astado sin astas hasta que éste tenga estas astas;
pero un astado sin astas no deja de ser astado
porque hasta que estas astas no sean astas
el astado está sin astas hasta que éste tenga astas.

Aquel manjar está sazonado.
¿Quién lo desazonará?
El desazonador
que lo desazonare
buen desazonador será.

Bien hecho,
plátano hecho,
cruza la calle
y sigue derecho;
pega la nariz al techo.

Bastante basura hay en el batán,
bastos basureros no bastan;
pero bastan en el batán basureros,
aunque bastos son bastante para basura.

Barro hay bituminoso.
¿Quién lo desbituminizará?
El desbituminizador
que lo desbituminice
buen desbituminizador será.

Bárbara barba tenía el barbero de la barbería,
barbudos barbeaban en el barbería al barbero,
pero la barbada barba del barbero barbudo
era más bárbara que la que barbeaban los
barbudos.

Buscaba el bosque Francisco,
un vasco bizco, muy brusco,
y al verle, le dijo un chusco:
¿Busca el bosque, vasco bizco?

«Botijo» fabrica botijos.
¿Quién lo desembotijará?
El desembotijador
que lo desembotijare
buen desembotijador será.

Bota pijota
pijotín de bota rota,
quien no diga tres veces
bota pijota
pijotín de bota rota
no beberá vino
de esta bota pijota.

Baldosas vitrificadas parecen.
¿Quién las desvitrificará?
El desvitrificador
que las desvitrifique
buen desvitrificador será.

Baila la jota, Julia, báilala,
que la jota de este jotero
los bailaba ya Jaime y Juan
con las joteras Juliana y Juana
que jotas sabían a «jartar».

Compadre:
compre usted poca capa parda;
que el que poca capa parda compra
poca capa parda paga.
Yo, que poca capa parda compré,
poca capa parda pagué.

Clavijo clavó un clavo a su hijo,
pero el clavo clavado por Clavijo
no se le clavó mucho al hijo de Clavijo
por lo que Clavijo desclavó el clavo a su hijo.

Cómo quieres que te quiera,
si el que quiero que me quiera,
no me quiere como quiero que me quiera.

Cava el cabo en la cueva,
pero no acaba de cavar
porque en la cueva no acaba
el cabo de trabajar.

Cuentan cuentos los cuentistas,
pero hay pocos cuentistas que cuenten cuentos,
ya que para contar un cuento el cuentista
necesita alguien a quien contar el cuento.

Cientos a cientos salen miles,
oveja a oveja, rediles;
decena a decena, una centena
y huevo a huevo, una docena.

Como como poco poco,
poco poco compro,
poco poco como como,
compro poco poco.

Cubre la cebra su cuerpo,
saca su lengua la cobra,
come la hierba la cabra;
aunque la cabra cubre a la cobra,
y la cebra cubre a la cabra,
cobra, cabra y cebra, se cubren.

Conseguí cosa de birlibirloque.
¿Quién la desbirlibirloqueará?
El desbirlibirloqueador
que la desbirlibirloque
buen desbirlibirloqueador será.

Cada caso con causa
cosquillas causa,
cada causa con caso
cadenas causa;
cada caso,
cada causa,
causan causa.

Clavos clavó Clavín,
cobros cobró Cabra,
cachetes cató Cachín;
cobró Clavín cachetes,
clavó Cabra cobros,
cató Cachín clavos.

Constantino fue a Constantinopla.
¿Quién lo desconstantinoplará?
El desconstantinoplador
que lo desconstantinople
buen desconstantinoplador será.

Corcheta y Corchete se daban muchos cachetes,
cachetes recibía gustosa Corcheta de Corchete,
Corchete daba gustoso cachetes a Corcheta;
luego Corcheta no daba a Corchete cachetes,
sino que sólo recibía los cachetes que Corchete
daba a Corcheta cuando quería de Corchete
cachetes.

Cestas castas hacía Custo,
pues la casta de las cestas
que Custo costeaba por costas,
eran costas a costa de Custo
que costeaban a Custo las cestas
las cuales Custo hacía castas por costas.

Carnerito era un cordero para carne,
carne que Carnerito tenía como cordero;
pero si el cordero de Carnerito tenía carne
se quedaría sin carne Carnerito el cordero.

Caballistas tiene la cabalgada.
¿Quién los descabalgará?
El descabalgador
que los descabalgue
buen descabalgador será.

Coco loco, Coco loco,
era un niño muy loco
al que se le caía el moco;
y le decían los demás niños locos:
¡Coco loco, Coco loco,
límpiate tu moco!

Corro y corro con el corro,
si en el corro caigo
me rompo el morro.

Coso cosas en casos,
aunque hay cosas en casas,
que en casos no se casan
por las cosas de esos casos.

Compré pocas cosas,
pocas copas compré,
y como compré pocas copas,
pocas copas pagué.

Cuanto tuve,
te mantuve
y te di.
Hoy no tengo,
ni te tengo,
ni te doy.
Búscate otro,
que te tenga,
te mantenga
y te dé.

«Clavete» clavó un clavo
junto al clavito de Pablito,
pero el clavo que clavó «Clavete»
es mayor que el clavito de Pablito.

Carros y carros corren,
corren carros y carros;
si corren y caen los carros,
los carros hacen un corro
junto al carro que cayó de morro.

Chicos y chicas chocan,
chocan los chicos,
las chicas chocan,
chocan chicos y chicas.

«Chule» era un famoso chulo
que se chuleaba de los demás chuletas,
pero no era capaz ningún chulo
de chulearse de las chulerías de «Chule».

Chorros de churros
hacía el «Churre» el churrero,
y a nadie en la churrería de «Churre»
le quedaba un churrete de los churros.

Chupi chupe, chupi chupe,
chupi chupe, chupitón,
chupi chupe, niño o niña
toma leche en biberón.

Chufla que te chufla,
hace el viejo a la bruja;
chilla que te chilla
corre el niño tras la niña.
Chufla de viejo
y chillido de niña.

Charo echa chistes,
Chema coge chapas,
Chelo tiene chicos;
los chicos de Charo,
las chapas de Chelo,
los chistes de Chema.

Chairas chafó Chulin,
chupes chupó Chaplin,
chinches chinchó Chelin;
chafó Chaplin chinches,
chupó Chelin chairas,
chinchó Chulin chupes.

Chaval militarizado tengo.
¿Quién lo desmilitarizará?
El desmilitarizador
que lo desmilitarice
buen desmilitarizador será.

Chucha coge el chucho al chupar,
chupón resulta el chucho con la chucha;
pero al chupar a la chucha el chucho,
coge la chucha el chucho al chupar.

Chiqui era una chica chiquita,
chiquita era la chaqueta de Chiqui;
porque si Chiqui tenía chica chaqueta
chiquita sería la chaqueta de Chiqui.

Chicos cuentan cuentos,
cientos de cuentos cuentan;
pero a veces no cuentan cuentos
que otros chicos cuando cuentan
contentos todos quedan de los cuentos.

Chalán encolerizado soy.
¿Quién me desencolerizará?
El desencolarizador
que me desencolerizare
buen desencolerizador será.

Don Segundo y don Facundo
viven en este mundo,
como don Raimundo y don Segismundo,
pero como corren mucho mundo,
dicen don Facundo y don Segundo
como don Segismundo y don Raimundo,
¡vaya mundo, vaya mundo!

Chiqui chiqui chi,
chiqui chiqui chú,
chiqui chiquitita,
chiquitita eres tú.

Dos dados daba David,
dos dedos en los dados;
con dos dados dos dedos,
daba David los dos dados.

Dichos dejé dichos,
dichos que dije yo;
pues si no los hubiese dicho,
dichos no hubiese dicho yo.

Diego dijo digo,
digo dije a Diego;
dijo Diego: ¿digo?,
¡digo!, dije á Diego.

Desagradable es quien entorpece.
¿Quién lo desentorpecerá?
El desentorpecedor
que lo desentorpeciere
buen desentorpecedor será.

Don Tristras tenía tristezas,
pero las perdía en un tris tras.
Por eso las tristezas de don Tristras
no eran tristes por su tristeza,
sino que sus tristezas eran tristes
por un tris tras de don Tristas.

Dije que te dijeran que me lo dijo,
aunque nadie me dijo que te lo dijera;
pero yo quería que te dijesen lo que dije
por si no te decían lo que dije que te dijeran.

Dame, deme, dime,
deme y dime,
dime y dame,
dame y deme,
deme y no dime,
dime y no dame,
dame y no deme.

Dedos enguantados tengo.
¿Quién me los desenguantará?
El desenguantador
que los desenguantare
buen desenguantador será.

Don Juan Pedro por capricho
me dio la carne de macho
y ayer me dijo un borracho:
Macho, mecho, micho, mocho, mucho.

Doña Triqui tricotaba
con el triqui triqui tron;
pues el triqui triqui traque
de la tricotosa tricotaba
con un suave traque triqui
y un dulce triqui triqui tron.

Debajo de un carrito
había un perrito,
vino un perrazo
y le mordió el rabito;
pobre perro del carro
que se quedó sin rabito.

Dijo un majo de Jerez,
con su faja y traje majo:
«Yo al más majo tiro un tajo,
que soy jaque de jaez».

Diego, donde digo digo,
no digo Diego, sino digo;
porque si dijese Diego,
no diría digo, donde digo Diego.

Doña Dirriga, dárriga, dórriga,
trompa pitárriga
tiene unos guantes
de pellejo de zirriga, zárriga, zórriga,
trompa pitárriga
le vienen grandes.

Dimes y diretes
dicen tontos y tontetes:
Los tontos dicen diretes
y dimes dicen los tontetes.

Debajo de un carro había un perro;
vino otro perro y le mordió el rabo.
¡Pobre perrito! ¡Cómo corría
por la cuesta arriba!

El cenicero lleno de ceniza está.
Pero, ¿quién lo desencenizará?
El desencenizador
que lo desencenizare
buen desencenizador será.

Extranjeros extraños explican
cómo un extraño extranjero
al explicar su extrañeza
no es extranjero tan extraño.

El cielo está emborregado.
¿Quién lo desemborregará?
El desemborregador
que lo desemborregare
buen desemborregador será.

El perro subió a la parra con la perra,
la perra tiró al perro de la parra,
al caer de la parra el perro
ladró a la perra que quedó en la parra.

El hijo de la Hojarasca
tiene ojeras en un ojo
ocasionadas por las hojas
de una cabeza de ajos.

El techo está cuadriculado.
¿Quién lo descuadriculará?
El descuadriculador
que lo descuadricule
buen descuadriculador será.

En un tosco plato
comen tres tristes tigres trigo;
un tigre, dos tigres, tres tigres.

Escucha el repique o repiqueteo
de ese repiqueteador
que tan bien repiquetea.

El explorador ha explorado.
¿Quién lo desexplorará?
El desexplorador
que lo desexplore
rey de los desexploradores será.

Extraña exposición expone
quien expone extensa exposición
sin exponer expòsición extraña
aunque sea extraña su exposición.

Ellos son muy mamones.
¿Quién los desmamonará?
El desmamonador
que los desmamonare
buen desmamonador será.

El amor es una locura
que sólo el cura lo cura,
y el cura que lo cura
comete una gran locura.

El joven Rasca, rasca y rasca,
rascaba en un rincón,
tan grande hizo la rasca
que un día tropezó;
desde entonces el joven Rasca
va de tropiezo en tropezón.

El cielo está enladrillado.
¿Quién lo desenladrillará?
El desenladrillador
que lo desenladrillare
buen desenladrillador será.

El perro de San Roque
no tiene rabo,
porque Ramón Rodríguez
se lo ha robado.

El titiritero titiritable,
titiritaba terriblemente.
Si no hubiera titiritado
el titiritable titiritero,
tampoco otros titiriteros titiritables
hubieran titiritado terriblemente.

El cielo está nublado.
¿Quién lo desennublará?
El desennublador
que lo desennublare
buen desennublador será.

El arzobispo de Constantinopla
se quiere desarzobispoconstantinopolizar.
El desarzobispoconstantinopolizador
que lo desarzobispoconstantinopolizare
buen desarzobispoconstantinopolizador será.

El consumo me consume,
consume nuestro consumo,
consume al que consume,
consume al que no consume;
si nos consume el consumo,
consume o no consume, me consume.

Erre con erre, cigarro;
erre con erre, barril;
¡qué rápido corren los carros
llevando el azúcar
del ferrocarril!

El lenguaje emplea circunloquios.
¿Quién lo descircunloquiará?
El descircunloquiador
que lo descircunloquiare
buen descircunloquiador será.

Ese chino chato
dijo al chico checo:
¡Choca mucho tu chaleco?

En un juncal de Junqueira
juncos juntaba Julian.
Juntóse Juan a juntarlos
y juntos juncos juntaron.

El toro está entorilado.
¿Quién lo desentorilará?
El desentorilador
que lo desentorilare
buen desentorilador será.

Esa niña seca seca
seca seca se cayó,
por coger piñas de pinos altos
de uno de ellos se cayó;
y coja, muy coja, y seca;
seca y coja se quedó.

En aquel cerrillo
hay un nido de zarracatapla
con cinco zarracataplillos.
Cuando la zarracatapla tapla
zarracataplean los cinco zarracataplillos.

En Pinto, Juan Ponte, el quinto,
por la pintura despunta
y un puente de punta a punta
pinta al punto Ponte en Pinto.

El perro está azuzado.
¿Quién lo desazuzará?
El desazuzador
que lo desazuzare
buen desazuzador será.

En un corro había un curro,
un curro con un carro;
y el carro que había en el corro,
corría con el curro de corro en corro.

En la torre hay una carracatapla
con cincuenta carracataplillos,
cuando canta la carracatapla
cantan los cincuenta carracataplillos.

Facas en las fajas,
ligas en las medias,
ancas en las ranas;
en las ligas, navajas,
fajas hasta las ancas
y ranas en las charcas.

Fallar los fallos es un fallo,
fallos que no hay que fallar;
pues si en los fallos fallas,
fallos y no fallos los fallarás.

Fama tiene el que fuma,
quien fuma famoso es por fumar;
pero el que ni fuma ni tiene fama,
¿para qué quiere la fama sin fumar?

Farolean con muchos «faroles»
quien sabe lo que es un «farol»;
farolero llaman al que echa «faroles»,
aunque farolas no es un «farol».

Fábulas fabulosas hay en fabulosos fabularios,
fabuladores y fabulistas hacen fábulas fabulosas;
pero la fabulosidad de las fábulas del fabulista
no son fabulosas si no hace un fabulario de fábulas.

Frutos hay con cascarilla.
¿Quién los descascarillará?
El descascarillador
que los descascarille
buen descascarillador será.

Favor con favor se paga,
quien hace favor, un favor hace,
favor para favorecerse no es favor,
favor sin favor es mejor favor.

Fumar una cosa es esfumarla,
esfumar no es fumar y fumar;
pero hay quien fuma esfumándose
y esfumarse no es «es fumar se».

Faldas venden hilvanadas.
¿Quién las deshilvanará?
El deshilvanador
que las deshilvanare
buen deshilvanador será.

Gente Batiburrilla hay.
¿Quién la desbatiburrillará?
El desbatiburrilador
que los desbatiburrillare
buen desbatiburrillador será.

Ganador es jugador que algo gana,
gana el que juega con gana;
pues ganar por ganar sin gana
el ganador que es jugador, no gana.

Gallos quieren ser algunos
y otros desean llegar a gallinas;
pero gallos hay en el gallinero
y gallinas en la gallinería.
Aunque el mejor gallo y mejor gallina
van a la carnicería;
por eso no quiero ser un gallo
ni tampoco una gallina.

Gracias a los graciosos hay gracia,
gracia que tiene gracia en el gracioso;
pero si la gracia no es graciosa,
poca gracia hace el gracioso con su gracia.

Guerra tenía una parra.
Y Parra tenía una perra;
pero la perra de Parra
rompió la parra de Guerra.
Guerra pegó con la porra a la perra de Parra.
—Ogia usted, Guerra, ¿por qué ha pegado con la porra
a la perra de Parra?
—Porque si la perra de Parra
no hubiera roto la parra de Guerra,
Guerra no hubiera pegado con la porra
a la perra de Parra.

Gatos y gatas solos gatean,
pues si gatean los gatos
las gatas no gatean;
luego gatos y gatas juntos
a veces no gatean.

Gabriel, Blas y Abasalón
tenían en construcción
una casa en Aranjuez,
y una vez,
paseando don Trifón,
al verla dijo: ¡Pardiez!
Gabriel, Blas y Absalón.

Gime, gema, huevo, yema,
vive, beba, come, cena;
misal, misa, velo, vela,
corre, corre, vuela, vuela.

Gallitos hay entronizados:
¿Quién los desentronizará?
El desentronizador
que los desentronizare
buen desentronizador será.

Genios que viven de su genialidad
no son tan geniales como el genio
que genialmente y de manera genial
hace que otro genio haga una mayor genialidad.

Hay haces anudados muy bien.
¿Quién los desanudará?
El desanudador
que los desanudare
buen desanudador será.

Herrero quisiera ser
o herrador, cualquier día;
así amarraría a los hombres
y a las mujeres herraría.

Hilos tengo en hilera,
hilados de hilos sin liar;
el hilador que los hile,
hileras de hilos hilara.

Herida y herido tienen heridas,
heridas que hieren a herida y herido;
aunque hay heridas que no hieren a heridos,
herido y herida están heridos en sus heridas.

Hay castillos encantados.
¿Quién los desencantará?
El desencantador
que los desencantare
buen desencantador será.

Horilla en un río
y un río en la orilla,
es un tiempo en río
y un río de la orilla

Higos tiene la higuera que dan higa,
aunque la higa que dan los higos de la higuera
no son los higos de higuera que deben dar higa,
pero dan higa los higos de la higuera.

Hombres capitalistas abundan.
¿Quién los descapitalizará?
El descapitalizador
que los descapitalizare
buen descapitalizador será.

Hijos e hijas tiene mi hijo,
mi hija hijas e hijos tiene;
pero los hijos e hijas de mi hija
no son hijas e hijos de mi hijo.

Iluso no es el que tiene ilusión,
ilusorio puede ser el iluso;
pero al iluso la ilusión le ilusiona
y el ilusorio desilusiona la ilusión.

Incautos hay con capirote.
¿Quién los descapirotará?
El descapiroteador
que los descapirotice
buen descapiroteador será.

Informar no es informal si se informa,
información es informar de un informe;
pero si no se informa el informe es informal,
y la información sería informal si no se informa.

Inyecciones e inyectables se inyectan,
pero sin inyectar las inyecciones
los inyectables no inyectarían
como se inyectan las inyecciones.

Indice organizado había.
¿Quién lo desorganizará?
El desorganizador
que lo desorganizare
buen desorganizador será.

Jaula de yerba tengo.
¿Quién la desyerbará?
El desyerbador
que la desyerbare
buen desyerbador será.

Juan juega jugando,
Juanito jugando juega,
con juegos juega Juan,
juega con juegos Juanito;
juntos juegan con juegos,
Juan y Juanito jugando.

Jóvenes van a apropincuarse.
¿Quién los desapropincuará?
El desapropincuador
que los desapropincuare
buen desapropincuador será.

Juderías hay en Judea,
en Judea judíos y judías;
pero en un judiar de judías
no hay juderías de judíos.

Jaca blanca, jaca negra,
luna roja, capa blanca;
ojos negros, labios rojos,
jaca negra, jaca blanca.

Juan Quinto,
una ven en pinto
contó cuentos un ciento,
y un chico dijo contento:
¡cuánto cuento cuenta Quinto!

Lanas luce Luisa,
lino liga Laura,
lías Lia Linda;
liga Luisa lías,
lía Laura lanas,
luce Linda lino.

La estampa está cromolitografiada.
¿Quién la descromolitografiará?
El descromolitografiador
que la descromolitografiare
buen descromolitografiador será.

Las listas de listos están en listines,
listos y listas están en las listas;
si los listeros alistan a listas y listos,
los listines serán listas de listos y listas.

Lagartija, lagartija
salta al sol
antes de meterte en la rendija.

La ciudad de Venecia está engondolada.
¿Quién la desengondolará?
El desengondolador
que la desengondole
buen desengondolador será.

La gallina cenicienta
que en el cenicero está,
ella que se encenizó,
verá como se desencenizará.

Los documentos están archivisticados.
¿Quién los desarchivisticará?
El desarchivisticador
que los desarchivisticare
buen desarchivisticador será.

La institutriz Mis Trestrós
entró dando tres traspiés
por subir al coche treinta y dos
en lugar del treinta y tres.

La puerta está cerrada.
¿Quién la descerrajará?
El descerrajador
que la descerraje
buen descerrajador será.

Lunabella, Lunabella
era una doncella bella,
y a esta bella doncella
le gustaba la paella,
por eso a la bella Lunabella,
dulce y bella doncella,
la obsequiaban con paella.

Luna llena, luna llena,
llena la luna está;
la luna llena es más luna,
si la luna llena está.

Lunas que lucen luces,
luces que le dan los luceros,
nunca lucirán las luces,
las luces que lucen los luceros.

Lagos hidrogenados existen.
¿Quién los deshidrogenará?
El deshidrogenadro
que los deshidrogenare
buen deshidrogenador será.

Legales son los legados,
legados que legan legando;
si legar es dejar legados,
legados y legados van legando.

La papelerá está empapelada.
¿Quién la desempapelará?
El desempapelador
que la desempapele
buen desempapelador será.

La choza de la tía Chaparra es de ramas de
Chaparro;
pero como las ramas de chaparro de la choza de la
tía Chaparra
son de las chaparras y chaparros de un chaparral,
la choza de la tía Chaparra tiene ramas de chaparro

de un chaparral lleno de chaparros y chaparras
de cuyas ramas de chaparro está hecha la choza de
la tía Chaparra.

Le dije al público de la República
que el agua pública se iba a acabar,
para que el público de la república,
tome agúa pública de Panamá.

Lloro porque no río si lloro,
y aunque no ría y no llore, lloro;
porque si río y lloro, lloro,
luego, aunque ría, siempre lloro.

Lleva y pasa a misa la hija la paja,
la madre ni pisa la paja ni pasa a misa;
la hija no pasa a misa si pisa la paja,
y la madre aunque pise la paja no pasa a misa.

Llamas bloqueadas tenemos.
¿Quién la desbloqueará?
El desbloqueador
que la desbloqueare
buen desbloqueador será.

Llavines y llaves llevo,
llevo porque llaves hay que llevar;
si el llavero es para llevar llaves,
llavines también suelo llevar.

Llanos quiere la Llana,
llanos y llanos para llanear;
pero si llamas en el llano a la Llana,
pocos llanos la Llama llaneará.

Lloricas son los llorones,
con sus lloreras y lloriquear;
si lloraran junto con las lloronas,
llorones y lloronas llenarían el mar.

Llevó una carta el cartero al carterista,
pero al sacar el cartero delante del carterista la carta
enseñó al carterista el cartero su cartera,
quedándose el carterista con la carta y la cartera
del cartero.

Lluvia a la llama,
llama no de llamar;
pues si la llama llama,
lluvia sobre la llama.

Llevar siempre llevo,
llevo cosas de llevar;
pues si no llevase lo que llevo,
nunca llevaría lo que debo de llevar.

Llamar por llamar
no es llamar;
pues si llamo por llamar,
ni llamo ni es llamar.

Mendo merendó una merienda,
y el menda que no merendó
se quedó sin merendar
porque merendase don Mendo.

Mi casa está destruida.
¿Quién la reconstruirá?
El reconstructor
que la reconstruya
buen reconstructor será.

Mama y chupa el niño,
ni chupa ni mama la chiqueja,
el viejo bebe y bebe
y nada de nada la vieja.

María la de Juanito
tiene un pequeño pavito,
regordito y chiquitito;
pero otro hermoso pavito
tiene su amigo Pablito
que es tan bonito y chiquito
como el pequeño pavito
de María la de Juanito.

Mi patio está cuadriquiñado.
¿Quién lo desencuadriquiñará?
El desencuadriquiñador
que lo desencuadriquiñe
buen desencuadriquiñador será.

Mariposa que en rosa se posa
no es fea sino hermosa, pues cuando una mariposa
en rosa se posa
es que también es rosa hermosa,
y por ello se posa en esa rosa
la hermosa mariposa.

Mi primo propuso
que probáramos aquel pastel;
él lo probó primero,
yo lo probé después.

Mi vino está azumbrado.
¿Quién lo desazumbrará?
El desazumbrador
que lo deazumbrare
buen desazumbrador será.

Mi hijo tenía un ojo como un ajo,
un ajo con hojas como el ojo de mi hijo;
pero el ojo de mi hijo no tenía hojas del ajo,
aunque las hojas del ajo estén en el ojo de mi hijo.

Muchos pelos se ennegrecen.
¿Quién los desennegrecerá?
El desennegrecedor
que los desennegrezare
buen desennegrecedor será.

Mi chache tiene una chacha,
la chacha tiene dos chuchos,
los chuchos chupan a mi chache
y mi chache chilla a la chacha.

Mucho hollín tiene la chimenea.
¿Quién la deshollinará?
El deshonillador
que la deshollinare
buen deshollinador será.

Me han dicho un dicho
que han dicho que he dicho yo.
Ese dicho está mal dicho,
pues si lo hubiera dicho yo,
estaría mejor dicho
que el dicho que han dicho
que he dicho yo.

Mamón es el que mama
y no mama de la mama;
sino que el mamón mama
y no deja de mamar de la mama.

Manos de mamá,
manos de papá;
pero manos de mamá
no son manos de papá.

Malvas te doy por remedio,
con malvas has de sanar,
y si no sanas con malvas
mal vas con tu enfermedad.

Mi jersey no se deshilacha.
¿Quién lo deshilachará?
el deshilachador
que lo deshilache
buen deshilachador será.

Machuco y Machuca, que en chaco no chocan
y al chico de Checa quieren machacar,
y mientras el chico de Checa me choca,
machacan al chico Machuco y Machuca.

María Chucena
su choza techaba
y un techador
que por allí pasaba
le dijo:
—Chucena
¿tú techas tu choza
o techas la ajena?
—Ni techo mi choza
ni techo la ajena,
que techo la choza
de María Chucena.

Manuel Micho por capricho
mecha la carne de macho
y ayer decía un muchacho:
mucho macho mecha Micho.

Mimos mimosos miman,
mimando se mimam mimosos;
si se miman los mimosos,
mimos mimosones miman.

Muchos chuchos achuchan,
achuchan a la chacha mucho;
si a la chacha achuchan,
los chuchos achuchan mucho.

Nunca compres chupes de chupar,
porque quien mucho chupa chupes,
nunca se cansa de chupar y chupar.

Niños barbilampiños abundan.
¿Quién los desbarbilampiñará?
El desbarbilampiñador
que los desbarbilampiñare
buen desbarbilampiñador será.

Nevará - vará - vará,
lloverá - verá - verá,
tronará - nará - nará.

Niño llorón llora y ñoñea,
llorando chilla y llora el ñoño;
niños ñoños que lloran y chillan,
llorando son más ñoños que si ñoñean.

No me mires, que miran que nos miramos,
miremos de manera de no mirarnos.
No nos miremos, y cuando no nos miren
nos miraremos.

Negocios entrampados tienen.
¿Quién los desentrampará?
El desentrampador
que los desentrampare
buen desentrampador será.

Niños saltarán tarán tarán,
otros bailarán larán larán,
muchos acamparán parán parán
y algunos se bañarán ñarán ñarán.

Nunca y no es decir no,
no, nunca, es decir no,
nunca, no, es no y no;
luego nunca y no, es no.

Noñerías impresionan al niño.
¿Quién lo desimpresionará?
El desimpresionador
que lo desimpresione
buen desimpresionador será.

Ñor, ñora, señor y señora;
señora esposa del señor,
señor esposo de la señora,
son el señor y la señora.

Ñato, gato, chato
nacho, ñacho, ñato,
ñacho igual a chato,
chato equivale a ñato.

Ñandú entrampada tienen.
¿Quién la desentrampará?
El desentrampador
que la desentrampe
buen desentrampador será.

Ovino ni es o
ni es vino;
o si es de oveja,
y vino, de cepa.

Oxidar y oxidar
no es dióxido;
y óxido sin oxidar
si es óxido.

Opto por ser equilibrado.
¿Quién me desequilibrará?
El desequilibrador
que me desequilibrare
buen desequilibrador será.

Ocho tras ocho son muchos ochos,
ochos corchos, ocho tronchos,
ocho cañas, ocho tochos,
ocho corchos, corchos ocho.

Ojeras tiene el ojeroso en el ojo,
ojos que ojean de una ojeada;
ojeador que ojea con ojeras en el ojo,
ojea ojeroso con ojeras de una ojeada.

Ovejas de una horeja
tiene pequeñas sus orejas,
pero cuando una oveja
ya tiene muchas horejas
son enormes sus orejas.

Obras entrañables ponen en televisión.
¿Quién las desentrañará?
El desentrañador
que las desentrañase
buen desentrañador será.

Oreja de oir,
horeja de tiempo;
el tiempo de la oreja
se oye en una horeja.

Orilla a una horilla,
horilla que no es orilla;
pues orilla no es hora niña,
ni hora es la chica orilla.

Pensaba que pisar era un pesar,
pues pesar sería pasar pisando;
aunque pisar y pasar se piense
pasar y pisar no es un pesar.

Puede el apodado apodar al apodador,
porque si el apodador apodó con su apodo
al apodado y quedó el apodo del apodador,
también el apodador será apodado con el apodo
que el apodado apodó con el apodo del apodador
y así apodador y apodado se apodan con su apodo.

Pujo, paja, Paje, puja,
si puja a la paja, pujo;
pero si Paje puja a la paja,
no pujo a la paja de Paje.

Partidario soy del cantonalismo.
¿Quién me descantonalizará?
El descantonalizador
que me descantonalizare
buen descatonalizador será.

Pico tiene una pica de Peco,
pues Peco está picado de pecas
y Pico pica a Peco con la pica,
para que las pecas de Peco se piquen;
si Pico pica con la pica a Peco,
Peco queda picado por Pico con la pica.

Pim, pam, pum,
tiros tiras tú;
tiras tiros, pim,
tiros tiras, pam,
tiras tiros, pum,
tiros tiras tú.

Pío, pío, pajarero,
pajaritos, pío, pío;
pían, pían, pajaritos,
pío, pío, pajarero.
Pajarero, pajaritos,
pajaritos, pajarero.

Pedía sin poder pedir lo que pedía,
pues pedir sin poder lo que se puede
es pedir sin poder lo que se pide;
ya que al pedir lo que se pide sin poder
equivale a pedir lo que poder no podía
aún habiendo pedido lo que no podía pedir.

Podador que podas tus parras,
¿podas tus parras o qué parras podas?

Por perras poda las parras el podador,
pues las parras dan perras al viñador;
y como al podar las parras dan las perras,
con las perras de las parras se paga al podador.

Pie a pie, ni se ve,
pasito a pasito, voy despacito,
paso a paso, voy despacio,
zancada a zancada, casi nada,
saltito a saltito, más ligerito,
carrera a carrera, la repera.

Puedes, Pepe, pedir perfectamente
por pura precisión pelo prestado,
pudiendo presumido por peinado
ponerte perifollos propiamente.
Para pedir pardiez precisamente
parécesme, Pepín, predestinado.
Pero para pagar, pobre pelado,
precisa perdonar pacientemente.

Paco come poco coco,
pues el coco para Paco
no es el coco de coco;
sino que para Paco el coco
era el miedo de chico al «coco».

Pocas pecas tiene Pepe,
muchas capas tiene Juan.
Pepe quiere capa y no pecas,
Juan quiere pecas y no capas;
y así queda este dirán:
Juan «El Pecas», Pepe «el Capas»,
en todas partes se oirá.

Perejil comí, perejil,
perejil gané
y de tanto comer perejil
me emperejilé.

Para papá, pan,
para Pachín, también
para pan, papá,
para pan, Pachín.
Parará papá
parará, Pachín, parará, parará.

Presos tenemos encarcelados.
¿Quién los desencarcelará?
El desencarcelador
que los desencarcelare
buen desencarcelador será.

Pan, para pan,
pi pa, para pi pa,
pon, porrón, porrón.

Por el camino camina un caminante
que no es caminante que camina por caminos,
sino que camina por caminos de caminantes
sin ser caminante de aquel camino por el que camina.

Picotazos con el pico pegó
un pájaro de corto pico;
picó y picó, picó picando,
poco a poco con su pico.

Poco pita Pablo con el pito,
pito que poco pita y pitará;
si el pito de Pablo no pita,
¿qué pito tendrá Pablo para pitar?

Poquito a poquito
Copete empaqueta
poquitas copitas
en este paquete.

Piñas pilla la niña con su silla,
silla que a una milla le pilla;
si la niña las pilla cada milla,
piña, niña y milla, con la silla.

Por el mar van cuatro tablas
tarabín tarabiculadas.
¿Quién las destarabinculará?
El destarabinculador
que las destarabinculare
buen destarabinculador será.

Pan para Pachán,
pipas para Pam,
porrón para papá,
para papá, pan,
para Pachán, pipas,
para Pam, porrón.

Por ese monte arriba
va una cabra
ética, perlética, perleticuda,
mochicalva y hocicuda.

Pepa tiene una pipa.
¿Cómo es la pipa de Pepa?
Es igual que la pipa de Pepi,
luego la pipa de Pepi
será igual que la pipa de Pepa.

Por la calle de Carretas
pasaba un perrito;
pasó una carreta,
le pilló el rabito.
¡Pobre perrito,
como lloraba
por su rabito!

Prometido y prometida se prometen,
prometedor es el que promete promesas;
pero las promesas del prometido que promete
son prometimientos de los que prometen.

Paco pagó patatas,
pidió pepinos,
perdió pipas;
Paco patatas perdió,
pipas pidió,
pepinos pagó.

Pedro Pero Pérez Crespo, ¿dónde moras?
¿Por qué Pedro Pero Pérez Crespo preguntáis?
Porque en este lugar hay tres Pedros Pero Pérez Crespo:
Pedro Pero Pérez Crespo de arriba.
Pedro Pero Pérez Crespo de abajo.
Pedro Pero Pérez Crespo del rincón.
Estos tres Pedros Pero Pérez Crespo son.

Pedrito pidió un palito
para pegar palos al perrito;
pero el perrito de Pedrito
corría pegando el rabo a su culito.

Paco Peco, rico chico,
insultó de un modo loco
a su tío Federico.
Y éste dijo: Poco a poco,
Paco Peco; poco pico.

Perros y perras hay en la perrera,
aunque en la perrera abundan las perras
y escasean los perros en la perrera,
la perrera rebosa de perros y perras.

Perejil comí.
Señora, ¿qué haré?
¿Cómo me desemperejilaré?

Pablito clavó un clavito,
¿qué clavito clavó Pablito?

Perros, lobos y canes,
entran, corren y salen;
entran los perros,
corren los lobos,
y salen los canes.

Por poder podemos,
podemos si ponemos poder;
porque poder, podemos,
pudiendo poner el poder.

Quejicoso se quejaba
y sus quejas quejumbrosas
se asemejaban a los quejidos
de aquellos quejicosos
que se quejaban como quejicosas

¿Qué hablas? Palabras.
¿Qué dices? Perdices.
¿Qué comes? Melones.

Quiero agua no natural.
¿Quién la desnaturalizará?
El desnaturalizador
que la desnaturalizare
buen desnaturalizador será.

Quiero quererte querida,
querida que quise querer;
queriendo quererte quiero,
querer que quise queriendo.

Quincenal es quince de quince,
quince o quincena es quincenal;
una quincena son siempre quince,
y si dices quince es quincenal.

Quiero y no quiero querer
a quien no queriendo quiero.
He querido sin querer
y estoy sin querer queriendo.
Si porque te quiero quieres
que te quiera mucho más,
te quiero más que me quieres.
¿Qué más quieres?
¿Qué más quieres?
¿Quieres más?
Te quiero.

Quicio entornillado tengo.
¿Quién lo desentornillará?
El desentornillador
que lo desentornillare
buen desentornillador serà.

Quiero que mucho me quiereas con tu querer,
que por mucho que con tu querer me quieras,
no llegarás a quererme con tanto querer
como con el querer que quiero que me quieras.

Quinto tocaba el requinto en su quinta,
pues la quinta en que estaba Quinto
tenía varios requintos entre los quintos;
porque era una quinta la de Quinto
en la que entre los quintos había requintos
que otras quintas no tenían quintos como Quinto.

Querer decimos que es poder,
pues sin poder no hay querer:
unos quieren y no pueden,
otros pueden y no quieren;
aunque poder sin querer
es peor que querer sin poder.

Querer nunca quise queriendo
y si quise queriendo sin querer,
no quise como querer quería;
porque si se quiere sin querer
es querer que nunca quieres,
aunque quieras querer sin querer.

Ratones y ratas mataba «El Rata»,
por lo que le llamaban el matarratas;
pero para matar tanta rata
con redes y cepos cazaba «El Rata».

Rosa Risca rascaba con la rosca
un roscón ruso enroscado.

Ruinas roen los roedores,
roedores que roen y corroen;
si corroen y roen los roedores,
los roedores las ruinas roen.

Ramón hizo un ramo de ramas,
pero el ramo de ramas de Ramón
tenía menos ramas en el ramo
que el ramo de ramas de la tía de Ramón.

Rabos y rabetes
tienen perros y perretes;
los perros tienen rabetes
y rabos tienen los perretes.

Ropa tengo arrugada.
¿Quién la desarrugará?
El desarrugador
que la desarrugue
buen desarrugador será.

Ricos y ricas tienen riqueza,
aunque la riqueza
de algunos ricos y ricas
no les enriqueció de riqueza,
pues enriquecidos ya estaban
desde que enriquecieron de riqueza,
algunos ricos y ricas
que heredaban.

Rutilantes y medrosas,
flores blancas, flores rosas;
sedantes son las flores,
rapaces son las rosas.
Rutilantes las noches,
medrosas muchas cosas.

Rasquín era un rascón
que rascaba en una risca
con un tosco rasca risca rascador,
y rasca risca, risca rasca
Rasquín era un rascón
que rasca rasca, en un rincón.

Ríos hay canalizados.
¿Quién los descanalizará?
El descanalizador
que los descanalizare
buen descanalizador será.

Restante en el residuo de resta,
resta no es el resto de restar;
restar es hallar el resto de una resta,
residuo es el resto de restar.

Rosa era un rosal de rosas,
aunque rosas tenía Rosa en un rosal;
pero las rosas del rosal de Rosa
no eran como Rosa y su rosal.

Ríe ríe, cuente cuente,
muchos ríos, pocos puentes;
llueve agua, llena fuente,
llena ríos, anega puentes.

Si cien sierras
aserran cien cipreses,
seiscientas sierras
asesarrán seiscientos cipreses.

Soy sin ser,
ser sí soy;
si soy un ser,
sin ser soy.

Si es así como se dice,
y dice usted cómo es,
como usted dice si es
y así es como se dice.

¿Son suyas esas sayas?
sayas que tuyas no son;
pues sus sayas son suyas,
si esas sayas tuyas no son.

Su pueblo está aristocratizado.
¿Quién lo desaristocratizará?
El desaristocratizador
que lo desaristocratizare
buen desaristocratizador será.

Si pancha plancha
con cuatro planchas,
¿con cuántas planchas
plancha Pancha?

Señoras suelen siempre ser,
si saben serlo señoras;
señoras saben serlo sin ser,
señoras sin ser señoras.

Simio y simia es un símil,
símil es similar a similitud;
similitud entre simio y simia
es una similitud similar a símil.

Si el verte
fuera la muerte
y el no verte
fuera la vida,
prefiero la muerte
y el verte,
que no verte
y tener vida.

Si usted dice que es así,
¿es como usted dice?;
y si yo digo que no es así,
¿qué es lo que usted dice?

Seis sierras asierran seis asientos,
sesenta sierras asierran sesenta asientos,
sesenta y seis sierras asierran sesenta y seis asientos,
seiscientas sierras asierran seiscientos asientos...

Se plantaron malos pinos.
¿Quién los desplantará?
El desplantador
que los desplantare
buen desplantador será.

Sale sal de las salinas,
salinas que dan la sal;
si salamos en las salinas
salimos salados de sal.

Tan tara tatán,
pan para pan,
pin para papín,
pon poro popón.

Tres tristes tigres
entraron en un trigal;
los tres tigres tistres
salieron tan tristes del trigal
como tristes entraron los tres tigres.

Todo está contaminado,
todo contaminado está;
el descontaminador
que lo descontamine
buen descontaminador será.

Te quiero porque me quieres,
¿quieres que te quiera más?;
te quiero más que me quieres,
¿Qué más quieres? ¿Quieres más?

Triqui traque, traque, triqui,
traía un carro sin truco;
al triqui traque, traque triqui,
traje un traje con truco,
así que el truco del triqui traque,
lo truqué con el traque triqui del traje.

Tres tristes triunviros trogloditos en tropa
trepan tras el trapecio trigonométricamente
trastrocados en trípodes triclínicos.

Tengo una casa en la sierra,
en la casa hay una sala,
en la sala hay una mesa,
en la mesa hay una bandeja,
en la bandeja una carpeta,
en la carpeta una carta,
en la carta una foto,
en la foto una cara.
Tu cara en la foto,
la foto en la carta,
la carta en la carpeta,
la carpeta en la bandeja,
la bandeja en la mesa,
la mesa en la sala,
la sala en la casa,
la casa en la sierra.

Tengo un corazón de oro.
¿Quién me descorazonará?
El descorazonador
que me lo descorazonare
buen descorazonador será.

Truque y retruque,
decía un altivo duque
en una partida de truque;
pero si decía retruque
es porque en partida de truque
el truque es menos que retruque.

Taca, taca, taca,
taca, taca, tú;
toca, toca, toca,
toca, toca, tú.

Tibi ribi rabo
tibi ribi ron.
Tibi ribi rabo
cantaba el ansarón.
Tibi ribi rabo
tibi ribi ron.
Tibi ribi rabo
le cantaba yo.

Tengo una gallina,
pitrinca, pitranca,
piti, bili, blanca.
Si la gallina,
pitrinca, pitranca,
piti, bili, blanca,
se muriera
¿Qué harían los pollitos,
pitrincos, pitrancos,
piti, bili, blancos?

Tengo un piso enladrillado.
¿Quién los desenladrillará?
El desenladrillador
que los desenladrille
buen desenladrillador será.

Tres tigres y trigo tengo,
pues trigo para tres tigres
es menos trigo del que tengo;
ya que tres tigres no comen tanto trigo
como tres veces tres tigres,
tigres que tres veces no tengo.
Por lo que tengo trigo para tres tigres,
pues trigo para nueve tigres no tengo.

Te doté y te di el dote,
dote que quise darte al dotarte;
porque si te doté con mi dote
fue por darte el dote y dotarte.

Trompear es jugar al trompo y a la trompa,
trampear es jugar al juego de las trampas;
pero trompear con trompo y trampear con trampa
no es igual que trampear a trompas o trampear con
trampa,
pues hay quien trompea sin tener trompa de
trompear
y quien trampea con la trompa de su trampa.

Tengo un queso arrequesonado.
¿Quién lo desarrequesonará?
El desarrequesonador
que lo desarrequesonare
buen desarrequesonador será.

Trepa, trepa la peretrapa,
cuando la peretrapa trepa,
trepan los peretrapos.

Trazó el trazo trazando,
trazo que nunca él trazó;
pues el trazador de trazos,
traza los trazos trazando.

Tuvo un tubo en la tubería,
tubo que no tuve yo;
pues si hubiese tenido ese tubo,
un tubo tuviese ahora yo.

Te quise queriendo querido,
pues el querer querimiento quiere;
pero por quererte quiero queriendo,
quise quererte queriendo querido.

Trenes van encarrilados.
¿Quién los desencarrilará?
El desencarrilador
que los desencarrilare
buen desencarrilador será.

Tengo un amigo, un amiguete,
en todo está, en todo se mete;
y sin decirme nada, con su dedete,
va y me rompe el paquete.

Te han dicho que he dicho un dicho,
dicho que no he dicho yo,
pero si yo lo hubiera dicho,
no hubiera dicho que no.

Tengo una cabra ética, perética y pelapelambrética.
Si los hijos de la cabra ética, perética y
pelapelambrética
fueran éticos, peréticos y pelampelambréticos,
la cabra no estaría ética, perética y
pelapelambrética.

Un viejo seco y feo
con una vieja fea y seca
muy fea y muy seca, se casó,
y aunque él era muy seco muy seco
y ella muy seca muy seca
no se secaron los dos.

Un perro ladra ladra,
ladra ladra, ladrador,
una noche ladró a una perra,
perra del enterrador,
desde entonces ladran juntos,
ladran y ladran los dos.

Unos argentinos están españolizados.
¿Quién los desempañolizará?
El desespañolizador
que los desespañolizare
buen desespañolizador será.

Un podador podaba la parra
y otro podador que por allí pasaba le dijo:
—Podador que podas la parra, ¿qué parra podas?
¿Podas mi parra o tu parra podas?
—Ni podo tu parra ni mi parra podo,
que podo la parra de mi tío Bartolo.

Una oreja de una oveja
de una oveja de una horeja,
no es la oreja de la horeja
aunque sea la misma oveja.

Un burro comía berros
y un zorro lo estaba viendo.
El burro lanzó un rebuzno
y el zorro al barro cayó riendo.

Unos gatos encrespados
hiciquirromos y canosos
tropezaron con un ratón
garboso, colilargo y barbicano,
armando tan altercado
que ni gatos ni ratón
quedaron con un hueso sano.

Una vieja seca, seca,
seca, seca, se casó,
con un viejo seco, seco,
que de seco se murió.

Villas, villorríos y villanos,
primas, parientes y hermanos;
en las villas, primas,
parientes en los villorríos
y en los hermanos, villanos.

Un tigre tragón.
Dos tigres tragones.
Tres tigres tragones.

Una vieja muy revieja,
más vieja que la morería
cuando esto le preguntaban
soler siempre así decía:
—Soy vieja muy revieja,
más vieja día a día;
pero tengo unos ojitos
que ven más cada día.

Utilitarios utilizan lo útil,
ya que lo útil es utilidad y utilizable;
pero utilizar todo lo útil utilizable,
hace utilitario hasta lo que no es útil.

Un abad y abadesa había en la abadía,
abadiatos eran pues la abadesa y el abad;
pues todo abad y abadesa de abadía
abadiatos de abadía son abadesa y abad.

Un viejo de Badajoz
tenía un badajo viejo;
un día bajó abajo
y subió un badajo,
siendo el viejo de Badajoz
más viejo que el badajo.

Un tigre, dos tigres, tres tigres,
metidos en un trigal,
llaman a otros tigres
y vienen tres más.

Un español está argentinizado.
¿Quién lo desargentinizará?
El desargentinizador
que lo desargentinizare
buen desargentinizador será.

Una joven seca seca,
seca seca, se cayó,
con un joven seco seco
y se cayeron los dos.

Una vieja sin orejas,
vieja vieja se quedó;
y como era tan vieja,
vieja vieja se murió.

Un mirón de Miranda miraba
con mirada de mirón de mirón;
pero como la mirada del mirón de Miranda
no era la mirada de otro mirón,
dejaron que el mirón de Miranda
mirase con mirada de mirada de mirón.

Una vieja, tecla, mecla,
chiririgorda, sorda y vieja,
tenía siete hijos, teclos meclos,
chiririgordos, sordos y viejos.
Si la vieja no hubiera sido
tecla, mecla, chiririgorda, sorda y vieja,
los hijos no hubieran sido
teclos, meclos, chiririgordos, sordos y viejos.

Un, dos, tres,
dímelo otra vez;
un, dos, tres,
todo está al revés;
un, dos, tres,
aunque lo diga otra vez.

Unos sí, otros no,
sí otros, no otros;
unos y otros son,
otros y unos no.

Una vieja seca seca
seca seca se cagó
y aún siendo muy revieja
su marido la limpió;
pobre vieja,
seca seca,
pobre viejo,
si ya se cagan los dos.

Vociferar es dar voces,
dar voces es vocear;
si voceas dando voces,
das voces para vocear.

Vacas banderilleadas había.
¿Quién las desbanderilleará?
El desbanderilleador
que las desbanderilleare
buen desbanderilleador será.

Vi una traca con truco,
truco que no era de trucar;
pero el truco de la traca
trucaba al mismo trucar.

Vulgarizar el vulgo es vulgar,
vulgarizador es quien vulgariza;
vulgarmente es vulgar el vulgo,
porque vulgarismos vulgares vulgarizan.

Verdaderas verdaderas verdean,
verdes verdades verdinegras;
verdinegras verdades verdes,
verdean verdades verdaderas.

Vivencio vivía las vivencias
que la vida le hacía vivir;
pero las vivencias de la vida
que Vivencio no vivía
no eran vivencias en la vida
que Vivencio vivía.

Voy en avión,
en avión vengo.
Si el avión sube
yo me contengo;
si el avión baja,
yo me sorprendo.
Aunque en avión voy
y en avión vengo.

Vides empampanadas compré.
¿Quién las despampanará?
El despampanador
que las despampanare
buen despampanador será.

Viejo, muy viejo, es reviejo,
viejecito es el pellejo del viejo;
pero aunque reviejo sea su pellejo,
duro y viejo es el pellejo del viejo.

Yaya, yayo, yuma, yema,
lleva, traigo, corre, vuela,
mayo, maya, tuyo, tuya,
toca, taca, juego, juega.

Yo tengo una perrita
piripinta, pirigorda, piripanzuda y sorda,
si esa perrita no fuera
piripinta, pirigorda, piripanzuda y sorda
no criaría esos perritos
piripintos, pirigordos, piripanzudos y sordos.

Yo personalizo a otros.
¿Quién me desperzonalizará?
El despersonalizador
que me despersonalizare
buen despersonalizador será.

Yo soy Diego y nada digo,
si digo o no digo, soy Diego;
pero si Diego soy, yo lo digo,
digo que si lo digo, soy Diego.

Yuntero que llevas la yunta
con yugo a la yugada,
no yugues a la yunta
en la yugada con el yugo;
pues si a la yunta yugas,
mala yugada, yuntero.

Yo tengo una muñeca
pezcuecipelicrespa,
el que la despezcuecipelicrespara
buen despezcuecipelicrespador será.

Yesones de yeso en el yesar,
yesar de yeseros y yeseras;
yeso que en el yesar hace yesones,
yesosos yesones de yeso hay en el yesar.

Yo tenía un vaquero bizco y bajo,
venía con vino, y era vasco;
pero aunque fuese bajo, vasco y bizco
y traía vasos y vino aquel vasco,
el vaquero bizco y vasco bebió en mi vaso.

Yayo sosegado no quiero.
¿Quién lo desasosegará?
El desasosegador
que lo desasosegare
buen desasosegador será.

Yayo y yaya llamo,
a mi yaya llamo yo,
yo llamo a mi yayo;
a mi yayo y yaya yo llamo.

Zainos con Zaida, Zipi y Zape:
¡Zape!, dice Zaida a Zape y Zipi,
Zape lanza un ¡zas! a Zipi y Zaida,
¡Zuzos», azuza a Zaida y a Zipi Zape.

Zutano zurra el zurrón,
zurrón zurrido y zurcido;
zurronadas en el zurrón de Zutano,
zurran el zurcido y zurrado zurrón.

Zoilo está aprisionado.
¿Quién lo desaprisionará?
El desaprisionador
que lo desaprisionare
buen desaprisionador será.

Zapatero, zapatero, zapatero machacón,
raspa, corta y pega por el día
y machaca de noche en un rincón;
clava y zurce, cose y pega
macha, macha, machaca hasta el tacón,
por eso le llaman zapatero machacón.

Zipi Zape era un gato,
un gato muy dormilón
que de día se dormía,
se dormía en un rincón;
pero como era un buen gato
nunca mató a un ratón.
Por eso los demás gatos
le decían y con razón:
¡Zipi Zape, Zipi Zape,
eres un gato simplón!

Zagales enguantados vi.
¿Quién los desenguantará?
El desenguantador
que los desenguantare
buen desenguantador será.

Zipi zape, zipi zape,
zipi zape, zipitón,
zipi zape, gato o gata
arañazos da al ratón.